Une grosse surprise pour

Petit Ours

Pour Justine,
en attendant l'hiver
M.-D. C.

À Guylaine, chère complice
de nos jeux d'enfance
F. B.

Catalogage avant publication de Bibliothèque et Archives nationales du Québec et Bibliothèque et Archives Canada

Croteau, Marie-Danielle, 1953-
Une grosse surprise pour Petit Ours
Pour enfants.

ISBN 978-2-89512-674-4 (rel.)
ISBN 978-2-89512-675-1 (br.)

I. Brassard, France, 1963- . II. Titre.
PS8555.R618G76 2008 jC843'.54 C2008-940248-0
PS9555.R618G76 2008

Directrice de collection : Lucie Papineau
Direction artistique et graphisme : Primeau & Barey
Dépôt légal : 3e trimestre 2008
Bibliothèque nationale du Québec
Bibliothèque nationale du Canada

Dominique et compagnie
300, rue Arran, Saint-Lambert (Québec)
Canada J4R 1K5
Téléphone : 514 875-0327
Télécopieur : 450 672-5448
Courriel :
dominiqueetcie@editionsheritage.com

www.dominiqueetcompagnie.com

Imprimé en Chine

Nous remercions le Conseil des Arts du Canada de l'aide accordée à notre programme de publication.

Nous reconnaissons l'aide financière du gouvernement du Canada par l'entremise du Programme d'aide au développement de l'industrie de l'édition (PADIÉ) pour nos activités d'édition.

Nous reconnaissons l'aide financière du gouvernement du Québec par l'entremise du Programme de crédit d'impôt pour l'édition de livres – SODEC – et du Programme d'aide aux entreprises du livre et de l'édition spécialisée.

Une grosse surprise pour

Petit Ours

Texte :
Marie-Danielle Croteau

Illustrations :
France Brassard

Dominique et Compagnie

Petit Ours boude. Il s’est disputé avec Petit Pingouin. Peu importe à quoi ils jouent, c’est toujours son ami qui gagne. Mais c’est fini, Petit Pingouin n’est plus son ami. Il ne le sera plus jamais. Jamais !

Petit Ours s'éloigne en soupirant. Il pense à ses parents, disparus dans une tempête voilà déjà longtemps. Il renifle et ce n'est pas la grippe. Il grelotte et ce n'est pas le froid. Avec sa fourrure, il ne gèle jamais. Alors, qu'est-ce que c'est ?

Une tornade noire et blanche fonce vers lui à toute allure, décrit une courbe inattendue et s'écrase finalement à ses pieds. Quelle est donc cette chose bizarre ? Petit Ours l'attrape et l'examine attentivement. Petit Pingouin ! Que lui est-il arrivé ? Il est si énervé que ses plumes sont dressées sur sa tête, raides comme des glaçons. Elles ressemblent aux pics d'un hérisson.

Petit Ours calme Petit Pingouin. Mais à peine celui-ci a-t-il repris son souffle qu'il commence à piailler. Et il en a, des choses à raconter ! Il a vu un énorme oiseau blanc avec des ailes toutes rouges tournoyer dans le ciel et se poser sur la banquise… En voulant s'en approcher, il a trébuché et est tombé à l'eau. Puis il a failli se faire dévorer par un phoque qui l'a pris pour un poisson.

Petit Ours se demande si cette histoire est vraie. Mais comme c'est Petit Pingouin le plus malin, il décide d'y croire. Et les voilà partis comme avant, quand ils étaient les meilleurs amis du monde, à la recherche de l'oiseau mystérieux.

Soudain, le voici. Il est immense ! Petit Ours en a peur, mais Petit Pingouin le rassure aussitôt :

– Regarde, il a une aile cassée ! Il ne nous fera rien !

Une fois de plus, constate l'ourson, c'est son ami qui a raison. L'oiseau est blessé. Son aile gauche est abîmée et tout son corps penche de ce côté.

À quelques pas du géant, Petit Ours recommence à s'inquiéter.
Petit Pingouin le rassure :
– Il ne nous fera rien, il dort. Regarde : il ne bouge pas d'un poil !

Et comme c'est Petit Pingouin le plus futé, Petit Ours se sent complètement rassuré.

Les deux copains avancent encore un peu. Tout à coup, ils entendent un bruit étrange. Une porte s'ouvre sur le côté de l'oiseau. Des humains en sortent et se laissent tomber sur la glace bleutée.
Petit Pingouin s'exclame :
– Ça alors ! Cachons-nous !

Vite, ils se mettent à l'abri d'un glacier, car on leur a raconté beaucoup d'histoires effrayantes au sujet de ces étranges créatures.

Malgré tout, Petit Ours est curieux. Il tend le cou et observe. Ils n'ont pas l'air méchants, ces humains-là. Ils n'ont même pas de fusils ! Ils regardent autour d'eux et tout ce qu'ils aperçoivent, c'est du blanc à perte de vue. Ils semblent inquiets.

Petit Ours est triste pour eux. Il se rappelle le jour où il a perdu ses parents. Il aimerait bien aider ces malheureux, mais Petit Pingouin le retient. Et comme c'est lui le plus malin, Petit Ours obéit.

Mais c'est plus fort que lui. Pendant la nuit, alors que Petit Pingouin est endormi, Petit Ours va pêcher un poisson et le dépose au pied de l'avion. Car c'est ainsi que, après avoir longuement réfléchi, Petit Pingouin a appelé l'oiseau blessé. Et comme c'est lui le plus savant, Petit Ours se dit que c'est sûrement son nom.

Le lendemain matin, les humains trouvent le poisson. Ils sont si heureux d'avoir quelque chose à manger qu'ils tendent les bras vers le ciel comme pour dire merci. Petit Ours est ravi. Mais Petit Pingouin est furieux et le gronde :
– Tu aurais pu tomber dans un piège !

Petit Ours n'écoute pas son compagnon. Ça lui est égal que son ami ait toujours raison. La tête haute, il retourne pêcher comme si de rien n'était.

Petit Pingouin surveille son ami de loin. Il se tient prêt à foncer pour le protéger. Mais en apercevant Petit Ours, les humains se mettent à hurler et grimpent se réfugier dans l'avion. Petit Pingouin n'avait aucune raison d'avoir peur d'eux ! D'un coup d'aile, il rejoint Petit Ours et l'aide à pêcher.

Jour après jour, Petit Pingouin et Petit Ours déposent du poisson frais au pied de l'avion. Ils voudraient bien apprivoiser les humains, mais ceux-ci se cachent toujours en les voyant approcher.

Et puis, un beau matin, un autre oiseau s'approche de la banquise. Il ne ressemble pas au premier. Il n'a pas d'ailes et les deux amis se disent qu'il est vraiment très blessé. Mais les humains poussent de grands cris de joie en l'apercevant et dès qu'il s'est posé, ils y grimpent tous sans se retourner.

Tous, sauf un. Le plus petit. Celui-là s'attarde un peu, jette un regard autour de lui et fait un salut de la main avant de monter.

Les deux compagnons regardent le drôle d'oiseau s'éloigner. Petit Ours soupire. Il aurait tant aimé avoir de nouveaux amis !
– Mais pourquoi ? lui demande Petit Pingouin. Tu m'as, moi !

Petit Ours sourit. C'est vrai qu'il a de la chance. Même s'il ne gagne jamais quand il joue avec Petit Pingouin. Il attrape son copain et le hisse sur ses épaules. Car une chose est certaine : c'est Petit Pingouin le plus malin…

… mais c’est Petit Ours le plus fort !